AF188475

Impressum
Verlag: BABADADA GmbH, Nedderfeld 112 , 22529 Hamburg
Geschäftsführer / Verlagsleitung: Harald Hof
Druck: Books on Demand GmbH, In de Tarpen 42, 22848 Norderstedt

Imprint
Publisher: BABADADA GmbH, Nedderfeld 112 , 22529 Hamburg, Germany
Managing Director / Publishing direction: Harald Hof
Print: Books on Demand GmbH, In de Tarpen 42, 22848 Norderstedt, Germany

Šola
学校

Razred
教室

Deljenje
割り算

186/2

Tabla
黒板

Učitelj
教師

Šolsko dvorišče
校庭

Papir
紙

Pisati
書く

Pisalo
ペン

Pisalna miza
事務机

Ravnilo
定規

Knjiga
本

Učenec
生徒

Šolska torba

ランドセル

Peresnica

筆入れ

Svinčnik

鉛筆

Šilček

鉛筆削り

Radirka

消しゴム

Risalni blok

スケッチブック

Risba
スケッチ

Čopič
絵筆

Vodene barvice
絵の具箱

Škarje
はさみ

Lepilo
接着剤

Zvezek
練習帳

Domača naloga
宿題

12

Število
数

2+2

Seštevanje
足し算

5-2

Odštevanje
引き算

2×2

Množenje
かけ算

Računanje
計算する

A

Črka
文字

ABCDEFG
HIJKLMN
OPQRSTU
VWXYZ

Abeceda
アルファベット

Beseda
単語

Besedilo

テキスト

Brati

読む

Kreda

チョーク

Učna ura

授業

Redovalnica

学級日誌

Preizkus znanja

試験

Spričevalo

通知表

Šolska uniforma

制服

Izobrazba

教育

Enciklopedija

百科事典

Univerza

大学

Mikroskop

顕微鏡

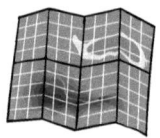

Zemljevid

地図

Koš za smeti

ごみ箱

Hotel
ホテル

Hostel
ホステル

Menjalnica
両替所

Kovček
スーツケース

Avtomobil
自動車

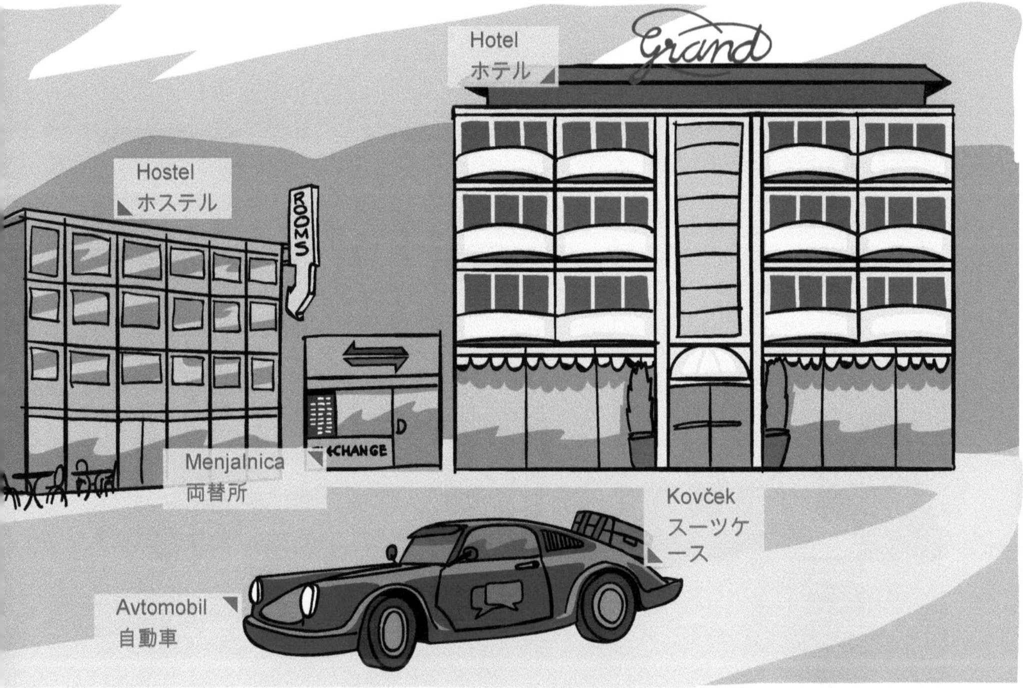

Jezik
言語

da / ne
はい / いいえ

Prav
問題ない

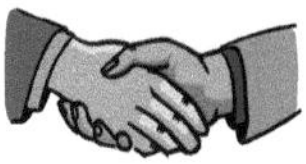

Pozdravljeni
ハロー

Prevajalec
翻訳者

Hvala
ありがとう

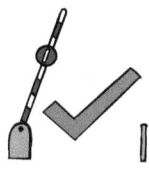

Koliko stane...?

...はいくらですか？

Ne razumem

わかりません

Težava

問題

Dober večer!

こんばんは！

Dobro jutro!

おはようございます！

Lahko noč!

おやすみなさい！

Nasvidenje

さようなら

Smer

方向

Prtljaga

手荷物

Torba

バッグ

Nahrbtnik

リュックサック

Gost

お客様

Soba

部屋

Spalna vreča

寝袋

Šotor

テント

Turistične informacije

旅行者情報

Plaža

ビーチ

Kreditna kartica

クレジットカード

Zajtrk

朝食

Kosilo

昼食

Večerja

夕食

Vozovnica

チケット

Dvigalo

エレベーター

Znamka

スタンプ

Meja

境界

Carina

税関

Veleposlaništvo

大使館

Vizum

ビザ

Potni list

パスポート

Prevoz

輸送

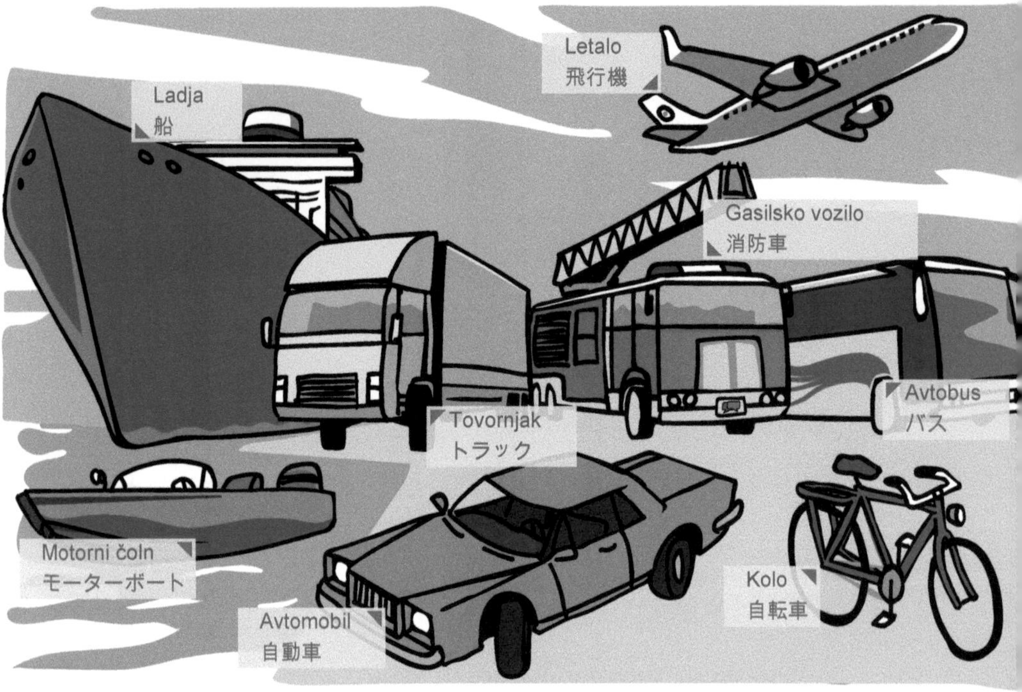

Letalo
飛行機
Ladja
船
Gasilsko vozilo
消防車
Avtobus
バス
Tovornjak
トラック
Motorni čoln
モーターボート
Kolo
自転車
Avtomobil
自動車

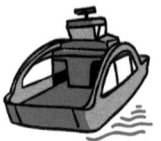

Trajekt

フェリー

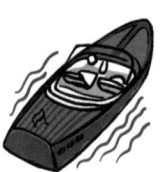

Čoln

ボート

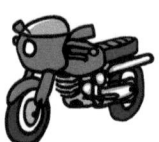

Motorno kolo

バイク

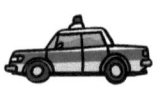

Policijski avto

パトカー

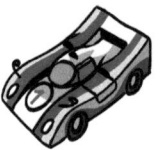

Dirkalni avto

レーシングカー

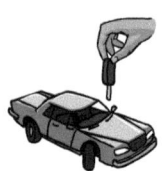

Najeto vozilo

レンタカー

Souporaba avtomobila

カーシェアリング

Avtovleka

レッカー車

Smetarsko vozilo

ごみ収集車

Motor

モーター

Gorivo

燃料

Bencinska postaja

ガソリンスタンド

Prometni znak

交通標識

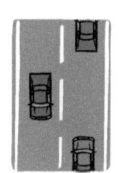

Promet

交通

Zastoj

渋滞

Parkirišče

駐車場

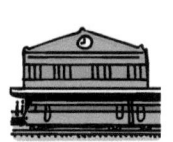

Železniška postaja

駅

Tirnice

道

Vlak

列車

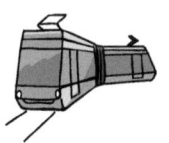

Tramvaj

路面電車

Vagon

車両

Helikopter

ヘリコプター

Letališče

空港

Stolp

タワー

Potnik

乗客

Kontejner

コンテナ

Karton

段ボール箱

Voziček

カート

Košara

カゴ

vzleteti / pristati

離陸 / 着陸

Mesto

都市

Vas

村

Mestno jedro

都心

Hiša

家

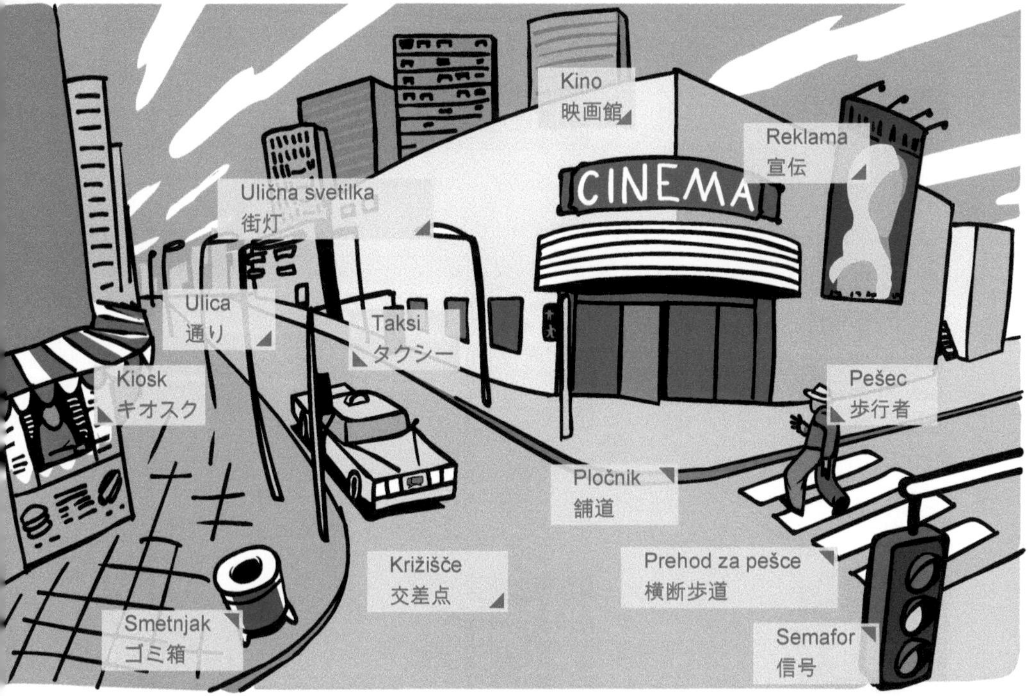
Kino
映画館
Reklama
宣伝
CINEMA
Ulična svetilka
街灯
Ulica
通り
Taksi
タクシー
Kiosk
キオスク
Pešec
歩行者
Pločnik
舗道
Križišče
交差点
Prehod za pešce
横断歩道
Smetnjak
ゴミ箱
Semafor
信号

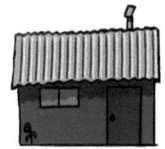

Koča

小屋

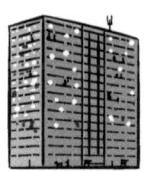

Stanovanje

アパート

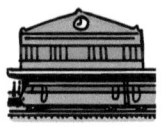

Železniška postaja

駅

Mestna hiša

市役所

MUSEUM

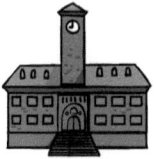

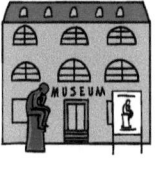

Muzej

美術館

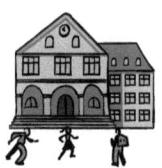

Šola

学校

Univerza

大学

Banka

銀行

Bolnišnica

病院

Hotel

ホテル

Lekarna

薬局

Pisarna

オフィス

Knjigarna

書店

Trgovina

ショップ

Cvetličarna

花屋

Supermarket

スーパーマーケット

Tržnica

市場

Veleblagovnica

デパート

Ribarnica

魚屋

Nakupovalno središče

ショッピングセンター

Pristanišče

港

Park

公園

Klop

ベンチ

Most

橋

Stopnice

階段

Podzemna železnica

地下鉄

Predor

トンネル

Avtobusno postajališče

バス停

Bar

バー

Restavracija

レストラン

Poštni nabiralnik

ポスト

Ulična tabla

道路標識

Parkirna ura

パーキングメーター

Živalski vrt

動物園

Kopališče

スイミングプール

Mošeja

モスク

Kmetija

農場

Onesnaževanje

汚染

Pokopališče

墓地

Cerkev

教会

Otroško igrišče

遊び場

Tempelj

寺

Pokrajina
風景

List
葉

Kažipot
道標

Pot
道

Travnik
草地

Kamen
石

Drevo
木

Pohodnik
ハイカー

Reka
川

Trava
草

Cvetlica
花

Dolina

谷

Hrib

山

Jezero

湖

Gozd

森

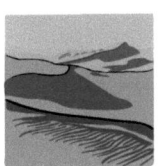

Puščava

砂漠

Vulkan

火山

Grad

城

Mavrica

虹

Goba

キノコ

Palma

ヤシの木

Komar

蚊

Muha

ハエ

Mravlja

蟻

Čebela

ミツバチ

Pajek

クモ

Hrošč

カブトムシ

Žaba

蛙

Veverica

リス

Jež

ハリネズミ

Zajec

ウサギ

Sova

フクロウ

Ptič

鳥

Labod

白鳥

Divji prašič

雄豚

Jelen

鹿

Los

ヘラジカ

Jez

ダム

Vetrnica

風力タービン

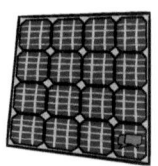

Solarna plošča

ソーラーパネル

Podnebje

気候

Restavracija
レストラン

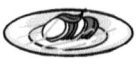

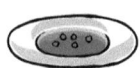

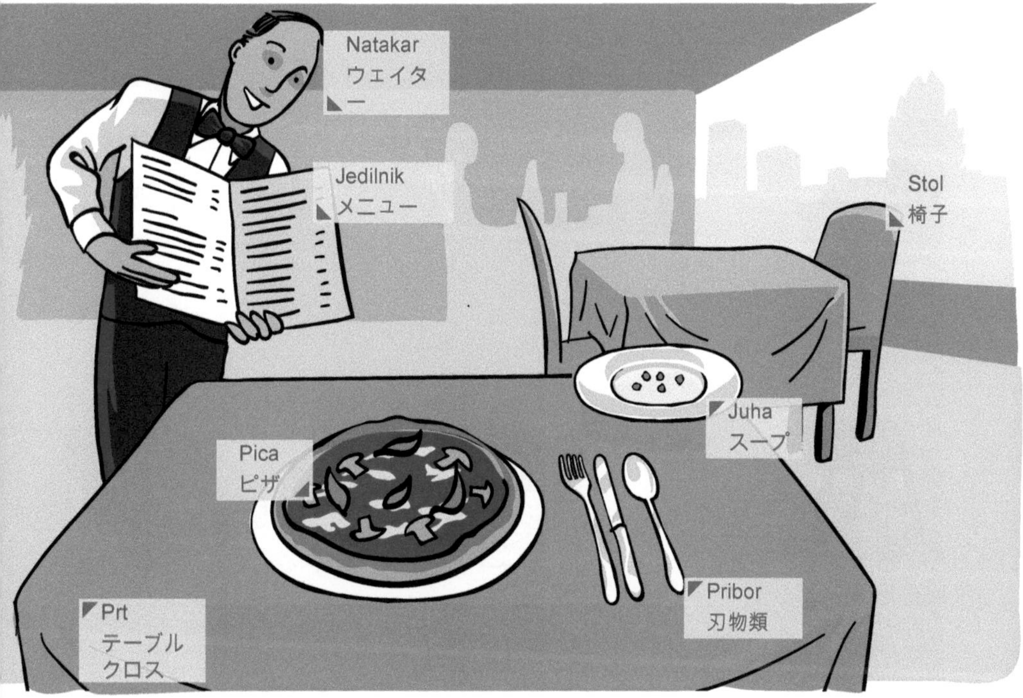
Natakar
ウエイター
Jedilnik
メニュー
Stol
椅子
Juha
スープ
Pica
ピザ
Pribor
刃物類
Prt
テーブルクロス

Predjed
前菜

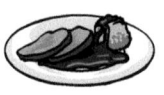

Glavna jed
メインコース

Sladica
デザート

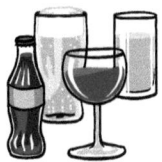

Pijače
飲み物

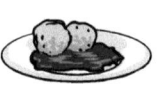

Hrana
食べ物

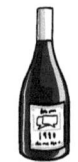

Steklenica
ボトル

Hitra hrana

ファストフード

Ulična hrana

屋台の食べ物

Čajnik

ティーポット

Sladkornica

砂糖入れ

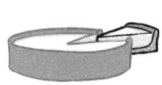

Porcija

一人前

Aparat za espresso

エスプレッソマシン

Stolček za hranjenje

幼児用食事椅子

Račun

請求書

Pladenj

トレー

Nož

ナイフ

Vilica

フォーク

Žlica

スプーン

Čajna žlička

ティースプーン

Servieta

ナプキン

Kozarec

グラス

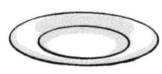

Krožnik
皿

Globoki krožnik
スープ皿

Krožniček
受け皿

Omaka
ソース

Solnica
塩入れ

Mlinček za poper
ペッパーミル

Kis
酢

Olje
油

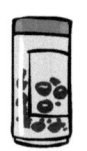

Začimbe
スパイス

Kečap
ケチャップ

Gorčica
マスタード

Majoneza
マヨネーズ

Supermarket
スーパーマーケット

Posebna ponudba
特価品
FOR
Stranka
顧客
Mlečni izdelki
乳製品
Sadje
果物
Nakupovalni voziček
ショッピング・カート

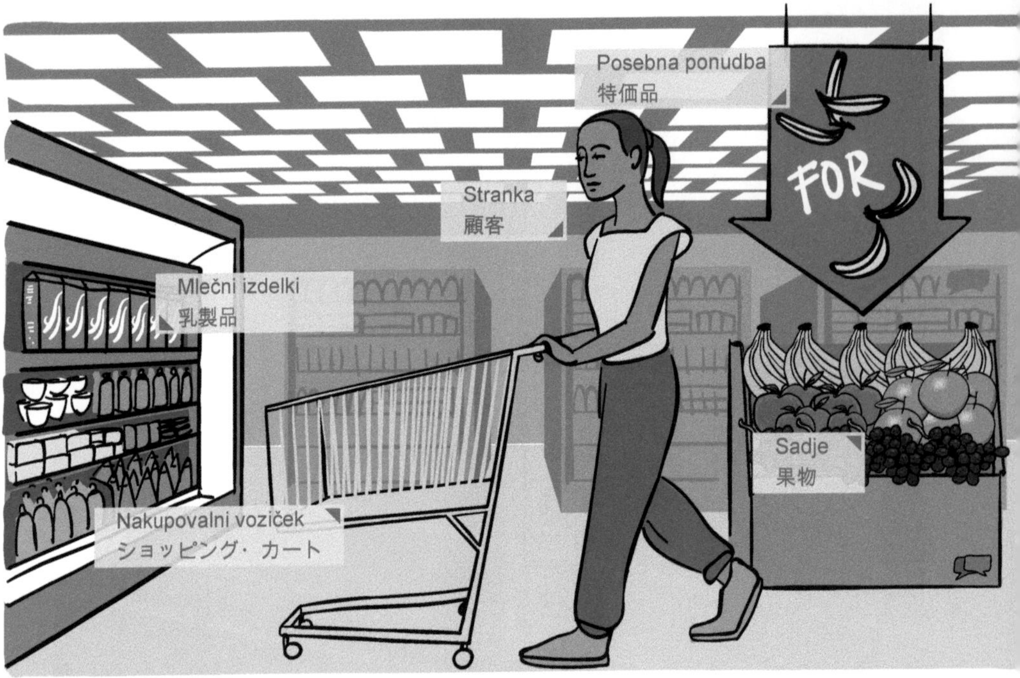

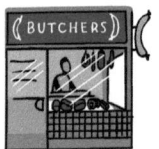

BUTCHERS

Mesnica
肉屋

BAKERY

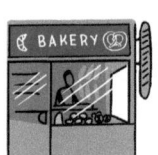

Pekarna
パン屋

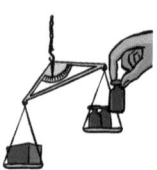

Tehtati
重さをはかる

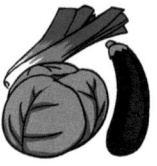

Zelenjava
野菜

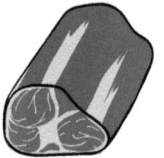

Meso
肉

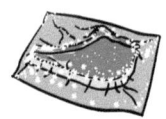

Zamrznjena hrana
冷凍食品

Hladne mesnine

冷肉の薄切り

Konzerve

缶詰食品

Pralni prašek

洗剤

Sladkarije

菓子

Gospodinjski izdelki

家庭用品

Čistilno sredstvo

清掃用品

Prodajalka

販売員

Blagajna

現金箱

Blagajnik

レジ係

Nakupovalni seznam

買い物リスト

Delovni čas

開館時刻

Denarnica

財布

Kreditna kartica

クレジットカード

Torba

バッグ

Plastična vrečka

ポリ袋

Voda

水

Sok

ジュース

Mleko

牛乳

Kola

コーラ

Vino

ワイン

Pivo

ビール

Alkohol

アルコール

Kakav

ココア

Čaj

紅茶

Kava

コーヒー

Espresso

エスプレッソ

Kapučino

カプチーノ

Banana

バナナ

Jabolko

リンゴ

Pomaranča

オレンジ

Lubenica

メロン

Limona

レモン

Korenje

ニンジン

Česen

ニンニク

Bambus

竹

Čebula

玉ねぎ

Goba

キノコ

Oreščki

ナッツ

Rezanci

ヌードル

Špageti

スパゲッティ

Riž

米

Solata

サラダ

Ocvrt krompirček

フライドポテト

Pečen krompir

フライドポテト

Pica

ピザ

Hamburger

ハンバーガー

Sendvič

サンドウィッチ

Zrezek

カツレツ

Šunka

ハム

Salama

サラミ

Klobasa

ソーセージ

Piščanec

鶏肉

Pečenka

焼き

Riba

魚

Ovseni kosmiči

麦のお粥

Musli

ムーズリ

Koruzni kosmiči

コーンフレーク

Moka

小麦粉

Rogljiček

クロワッサン

Žemlja

ロールパン

Kruh

パン

Prepečenec

トースト

Piškoti

ビスケット

Maslo

バター

Skuta

カッテージチーズ

Torta

ケーキ

Jajce

卵

Pečeno jajce na oko

目玉焼き

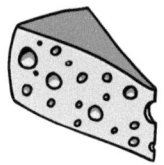

Sir

チーズ

Sladoled

アイスクリーム

Sladkor

砂糖

Med

はちみつ

Marmelada

ジャム

Čokoladni namaz

ヌガークリーム

Kari

カレー

Kmetija
農場

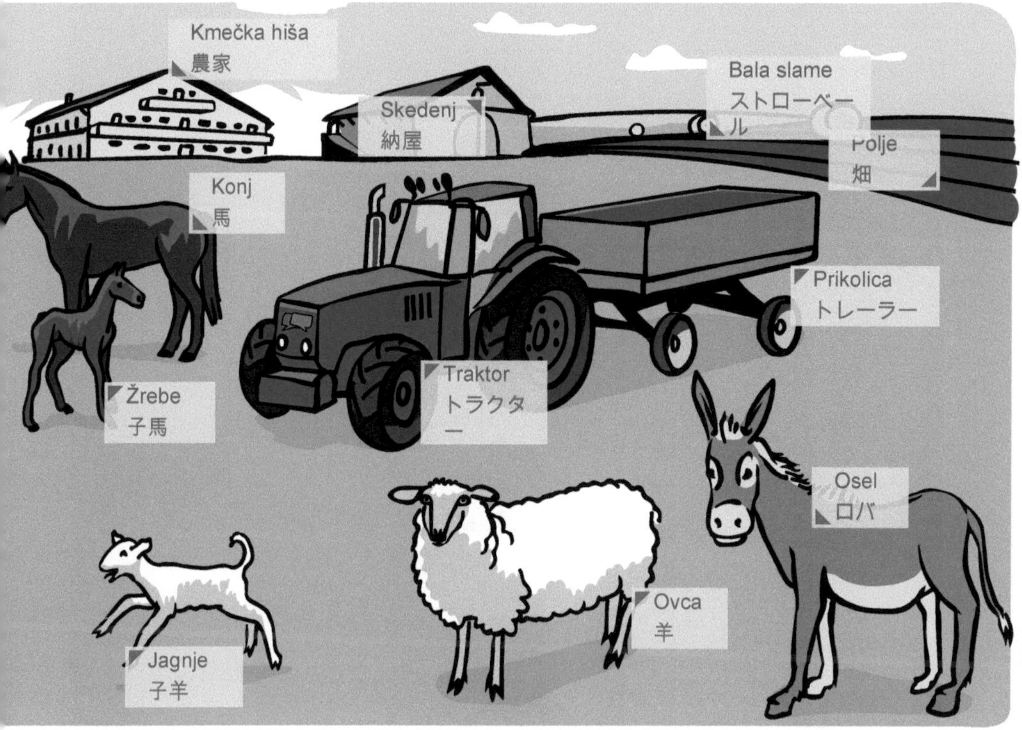

Kmečka hiša
農家
Skedenj
納屋
Bala slame
ストローベール
Polje
畑
Konj
馬
Prikolica
トレーラー
Traktor
トラクター
Žrebe
子馬
Osel
ロバ
Ovca
羊
Jagnje
子羊

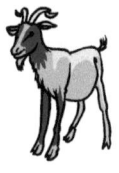

Koza

ヤギ

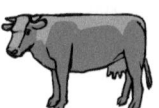

Krava

雌牛

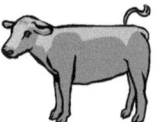

Tele

子牛

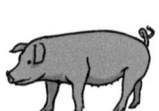

Prašič

豚

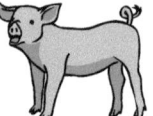

Pujsek

子豚

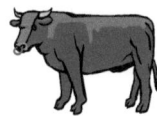

Bik

雄牛

Gos
ガチョウ

Raca
アヒル

Piščanec
ひよこ

Kokoš
にわとり

Petelin
おんどり

Podgana
ネズミ

Mačka
猫

Miš
ねずみ

Vol
雄牛

Pes
犬

Pasja uta
犬小屋

Cev za zalivanje
散水ホース

Kangla za zalivanje
じょうろ

Kosa
大鎌

Plug
すき

Srp

草刈り鎌

Motika

くわ

Vile

堆肥用フォーク

Sekira

斧

Samokolnica

手押し車

Korito

かいばおけ

Kangla za mleko

牛乳缶

Vreča

袋

Ograja

フェンス

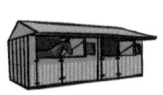

Hlev

畜舎

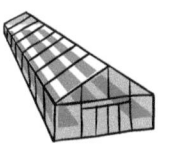

Rastlinjak

温室

Prst

土壌

Seme

種

Gnojilo

肥料

Kombajn

コンバイン

Žeti
収穫する

Žetev
収穫

Jam
ヤマイモ

Pšenica
小麦

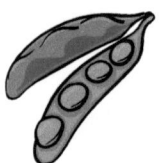

Soja
大豆

Krompir
じゃがいも

Koruza
トウモロコシ

Oljna ogrščica
菜種

Sadno drevo
果樹

Maniok
キャッサバ

Žito
穀物

Hiša
家

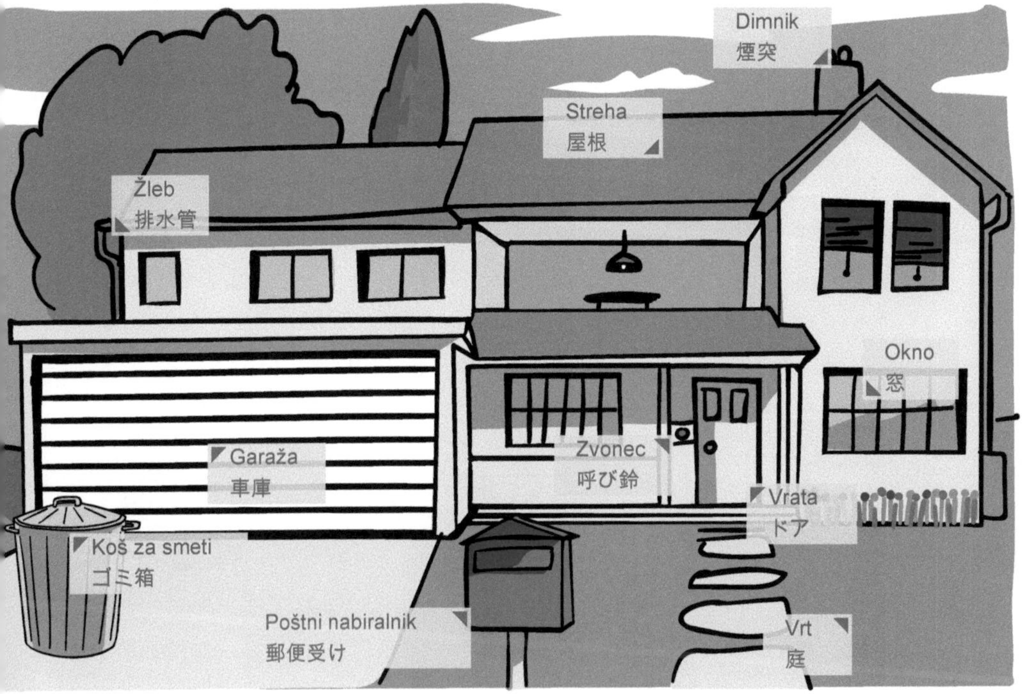

Dimnik
煙突
Streha
屋根
Žleb
排水管
Okno
窓
Garaža
車庫
Zvonec
呼び鈴
Vrata
ドア
Koš za smeti
ゴミ箱
Poštni nabiralnik
郵便受け
Vrt
庭

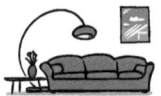

Dnevna soba

リビングルーム

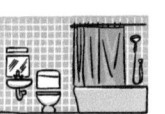

Kopalnica

浴室

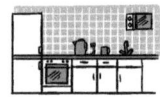

Kuhinja

台所

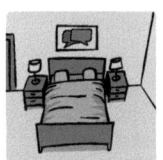

Spalnica

寝室

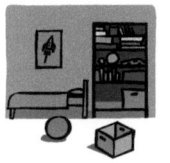

Otroška soba

子供部屋

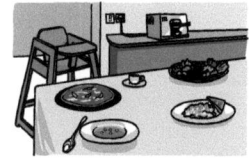

Jedilnica

ダイニング・ルーム

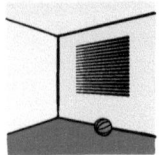

Tla
床

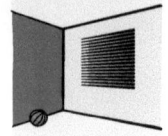

Stena
壁

Strop
天井

Klet
地下貯蔵庫

Savna
サウナ

Balkon
バルコニー

Terasa
テラス

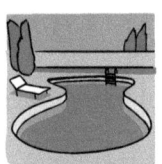

Bazen
プール

Kosilnica
芝刈り機

Rjuha
シーツ

Posteljno pregrinjalo
ベッドカバー

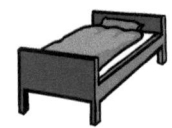

Postelja
ベッド

Metla
ほうき

Vedro
バケツ

Stikalo
スイッチ

Dnevna soba
リビングルーム

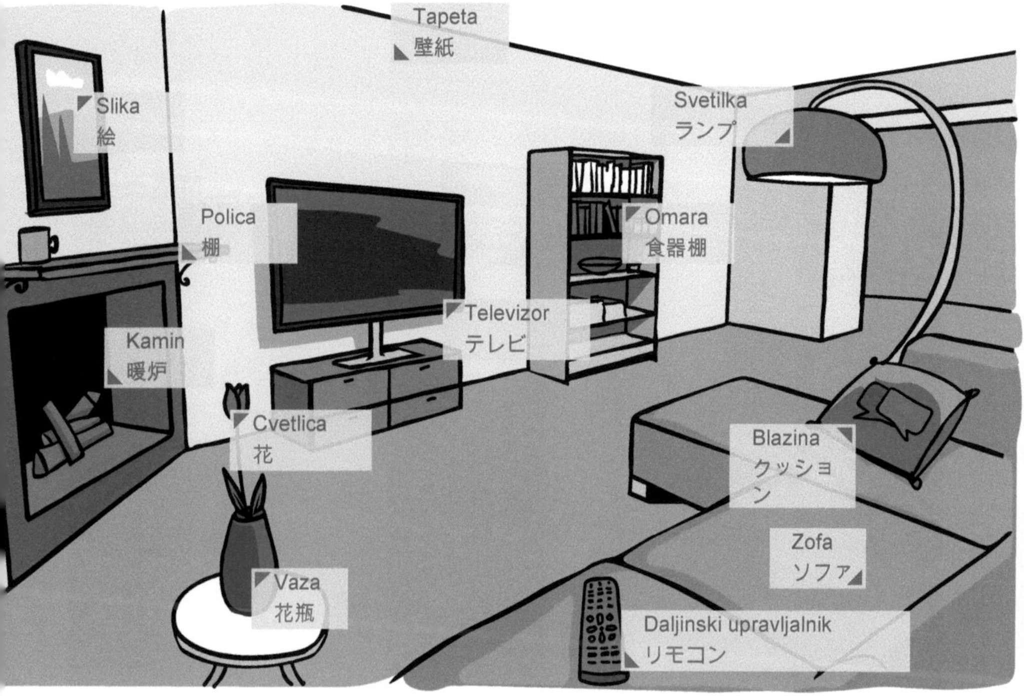

Tapeta
壁紙
Slika
絵
Svetilka
ランプ
Polica
棚
Omara
食器棚
Televizor
テレビ
Kamin
暖炉
Cvetlica
花
Blazina
クッション
Zofa
ソファ
Vaza
花瓶
Daljinski upravljalnik
リモコン

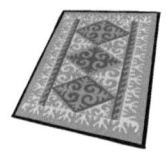

Preproga
カーペット

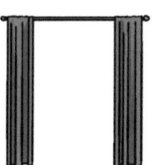

Zavesa
カーテン

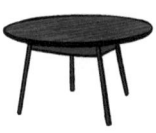

Miza
テーブル

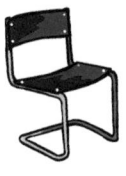

Stol
椅子

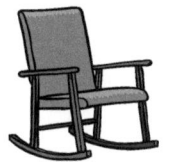

Gugalnik
ロッキングチェア

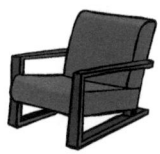

Naslanjač
ひじ掛け椅子

Knjiga

本

Odeja

毛布

Dekoracija

飾り

Drva

たきぎ

Film

映画

Glasbeni stolp

ステレオ

Ključ

鍵

Časopis

新聞

Slika

絵画

Plakat

ポスター

Radio

ラジオ

Beležka

メモ帳

Sesalnik

掃除機

Kaktus

サボテン

Sveča

ろうそく

Kuhinja
台所

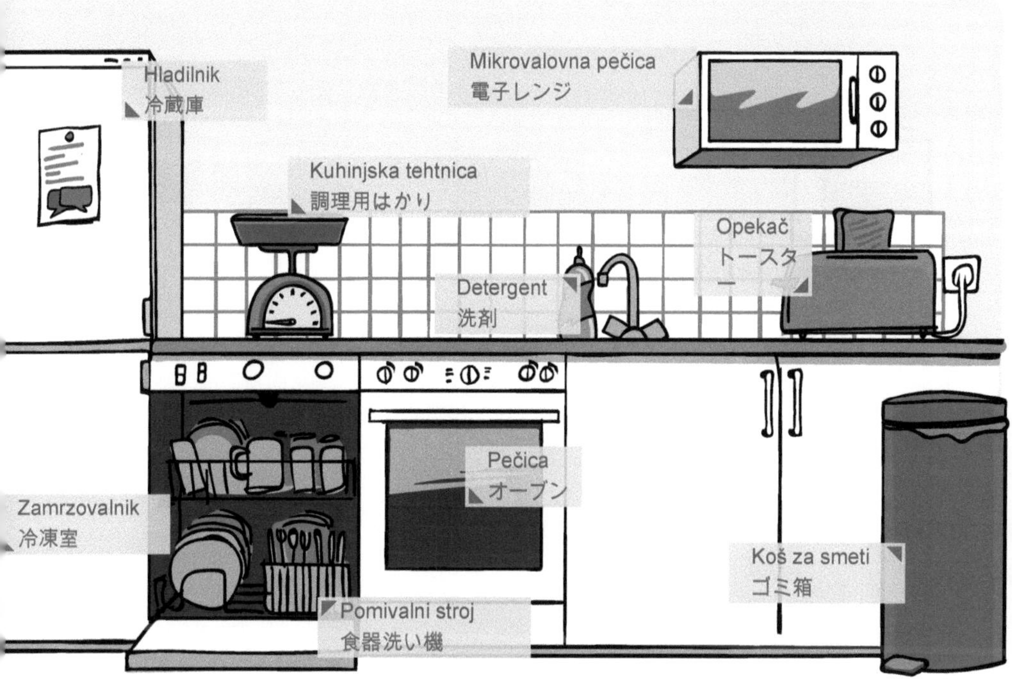

Hladilnik
冷蔵庫
Mikrovalovna pečica
電子レンジ
Kuhinjska tehtnica
調理用はかり
Opekač
トースター
Detergent
洗剤
Pečica
オーブン
Zamrzovalnik
冷凍室
Koš za smeti
ゴミ箱
Pomivalni stroj
食器洗い機

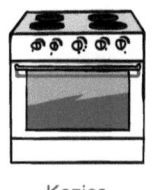

Kozica

こんろ

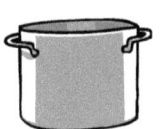

Lonec

鍋

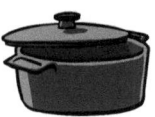

Litoželezni lonec

鉄鍋

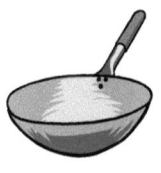

Vok / kadai

中華鍋/ カダイ鍋

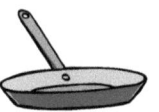

Ponev

フライパン

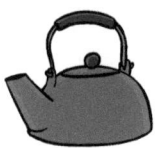

Kotliček

やかん

Parni kuhalnik

蒸し器

Pekač

天板

Posoda

食器

Skodelica

マグカップ

Skleda

ボウル

Jedilne paličice

箸

Zajemalka

おたま

Lopatica

へら

Metlica

泡立て器

Cedilnik

こし器

Cedilo

ふるい

Strgalo

すりおろし器

Možnar

すり鉢

Žar

バーベキュー

Ognjišče

かまど

Deska za rezanje

まな板

Valjar

麺棒

Odpirač za steklenice

栓抜き

Pločevinka

缶

Odpirač za konzerve

缶切り

Prijemalka za posodo

鍋つかみ

Korito

流し

Ščetka

ブラシ

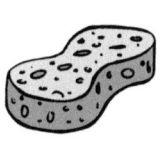

Goba

スポンジ

Mešalnik

ミキサー

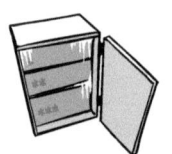

Zamrzovalna skrinja

冷凍庫

Steklenička

哺乳瓶

Pipa

蛇口

Kopalnica

浴室

Ogrevanje
ヒーター
Brisača
タオル
Prha
シャワー
Zavesa za prho
シャワーカーテン
Peneča kopel
泡風呂
Kopalna kad
浴槽
Kozarec
グラス
Pralni stroj
洗濯機
Pipa
蛇口
Ploščice
タイル
Kahlica
おまる
Korito
流し

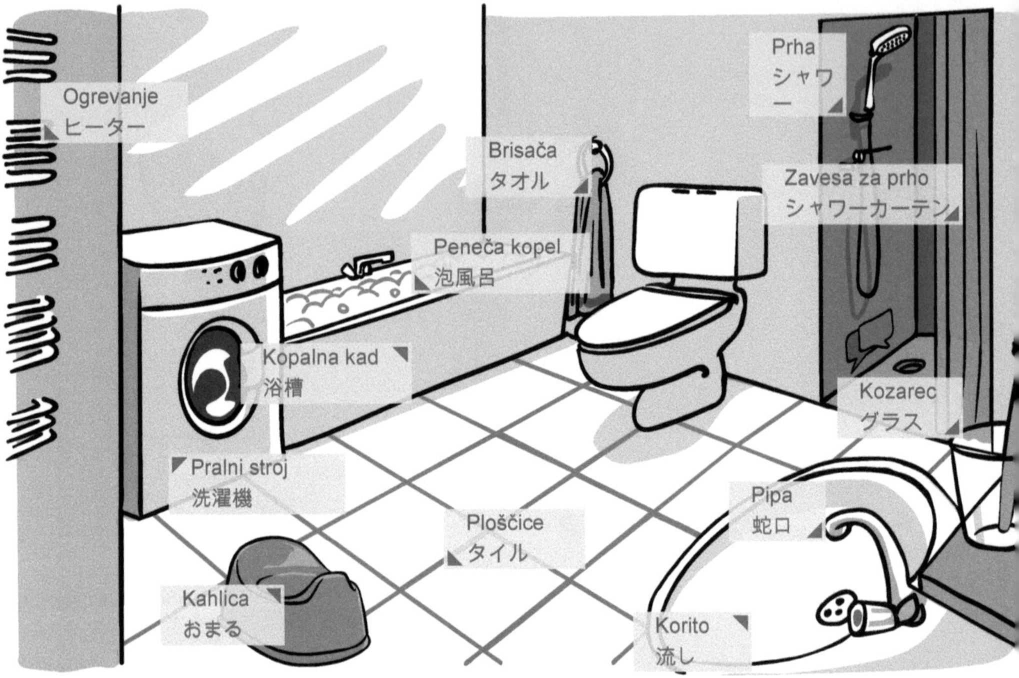

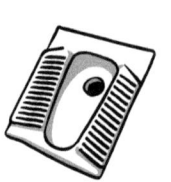

Stranišče
トイレ

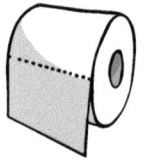

Stranišče na počep
和式トイレ

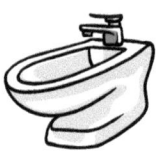

Bide
ビデ

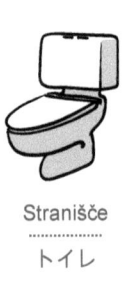

Pisoar
小便器

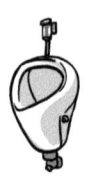

Toaletni papir
トイレットペーパー

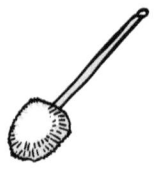

Ščetka za straniščno školjko
トイレブラシ

Zobna ščetka

歯ブラシ

Zobna pasta

歯みがき

Zobna nitka

デンタルフロス

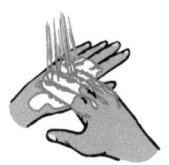

Umiti se

洗う

Ročna prha

シャワーヘッド

Prha za intimne dele

ハンドビデ

Umivalnik

洗面台

Krtača za hrbet

ボディブラシ

Milo

石鹸

Gel za prhanje

シャワー用ジェル

Šampon

シャンプー

Krpica za miljenje

浴用タオル

Odtok

排水口

Krema

クリーム

Deodorant

消臭

Ogledalo

鏡

Ročno ogledalo

手鏡

Britvica

かみそり

Pena za britje

シェービング・フォーム

Vodica po britju

アフターシェーブローショ
ン

Glavnik

櫛

Ščetka

ブラシ

Sušilnik za lase

ドライヤー

Lak za lase

ヘアスプレー

Ličila

化粧

Šminka

口紅

Lak za nohte

マニキュア

Vatirane blazinice

脱脂綿

Škarjice za nohte

爪切り

Parfum

香水

Toaletna torbica

洗面用具入れ

Stol brez naslonjala

スツール

Osebna tehtnica

体重計

Kopalni plašč

バスローブ

Gumijaste rokavice

ゴム手袋

Tampon

タンポン

Damski vložki

生理用ナプキン

Kemično stranišče

ケミカルトイレ

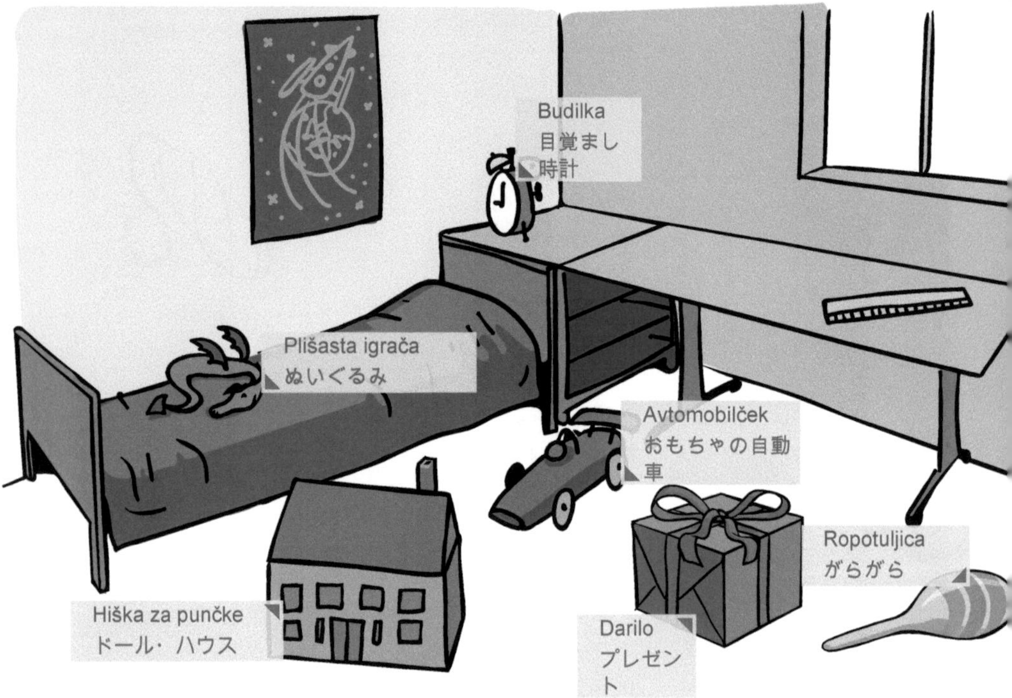

Budilka
目覚まし
時計
Plišasta igrača
ぬいぐるみ
Avtomobilček
おもちゃの自動
車
Ropotuljica
がらがら
Hiška za punčke
ドール・ハウス
Darilo
プレゼン
ト

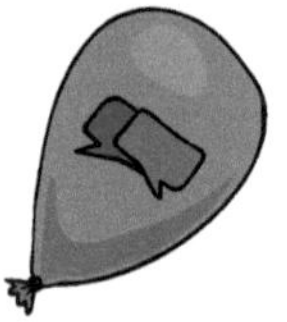

Balon

風船

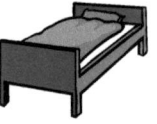

Postelja

ベッド

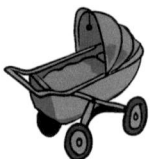

Otroški voziček

ベビーカー

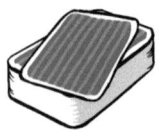

Igralne karte

カードゲーム

Sestavljanka

ジグソーパズル

SUPER
MEGA

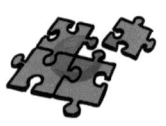

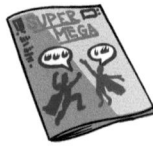

Strip

漫画

Lego kocke

レゴ

Igralne kocke

玩具ブロック

Akcijska figura

アクションフィギュア

Bodi

ロンパース

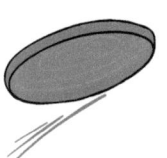

Frizbi

フリスビー

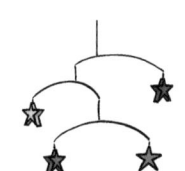

Vrtiljak za posteljico

モバイル

Namizna igra

ボードゲーム

Kocka

さいころ

Komplet modelov vlakov

鉄道模型

Duda

おしゃぶり

Zabava

パーティー

Slikanica

絵本

Žoga

ボール

Lutka

人形

Igrati se

遊ぶ

Peskovnik

砂場

Gugalnica

ブランコ

Igrače

おもちゃ

Igralna konzola

ゲーム機

Tricikel

三輪車

Plišasti medvedek

テディベア

Garderoba

衣装ダンス

Oblačilo

衣服

Nogavice

靴下

Samostoječe nogavice

ストッキング

Hlačne nogavice

タイツ

Šal
スカーフ

Dežnik
雨傘

Majica s kratkimi rokavi
Tシャツ

Pas
ベルト

Škornji
ブーツ

Copati
スリッパ

Športni copati
スニーカー

Sandali
サンダル

Čevlji
靴

Gumijasti škornji
ゴム長靴

Spodnje hlače
パンツ

Modrček
ブラ

Telovnik
ベスト

Bodi
ボディースーツ

Hlače
ズボン

Kavbojke
ジーンズ

Krilo
スカート

Bluza
ブラウス

Srajca
シャツ

Pulover
セーター

Pletena jopica
パーカー

Jopa
ブレザー

Jakna
ジャケット

Plašč
コート

Dežni plašč
レインコート

Kostim
服装

Obleka
ドレス

Poročna obleka
ウェディングドレス

Obleka

スーツ

Spalna srajca

ナイトガウン

Pižama

パジャマ

Sari

サリー

Naglavna ruta

ヘッドスカーフ

Turban

ターバン

Burka

ブルカ

Kaftan

カフタン

Abaja

アバヤ

Kopalke

水着

Kopalne hlače

トランクス

Kratke hlače

半ズボン

Trenirka

スウェットスーツ

Predpasnik

エプロン

Rokavice

手袋

Gumb

ボタン

Očala

メガネ

Zapestnica

ブレスレット

Verižica

ネックレス

Prstan

指輪

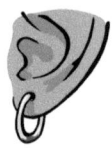

Uhan

イヤリング

Kapa

帽子

Obešalnik

ハンガー

Klobuk

帽子

Kravata

ネクタイ

Zadrga

ファスナー

Čelada

ヘルメット

Naramnice

サスペンダー

Šolska uniforma

制服

Uniforma

ユニフォーム

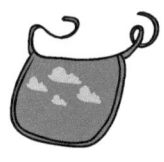

Slinček

よだれかけ

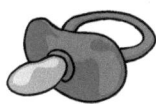

Duda

おしゃぶり

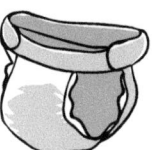

Plenica

おむつ

Pisarna

オフィス

Strežnik
サーバ
Kartotečna omara
書類キャビネット
Tiskalnik
プリンター
Papir
紙
Monitor
モニター
Miška
マウス
Pisalna miza
事務机
Mapa
フォルダー
Tipkovnica
キーボード
Koš za smeti
ごみ箱
Stol
椅子
Računalnik
コンピューター

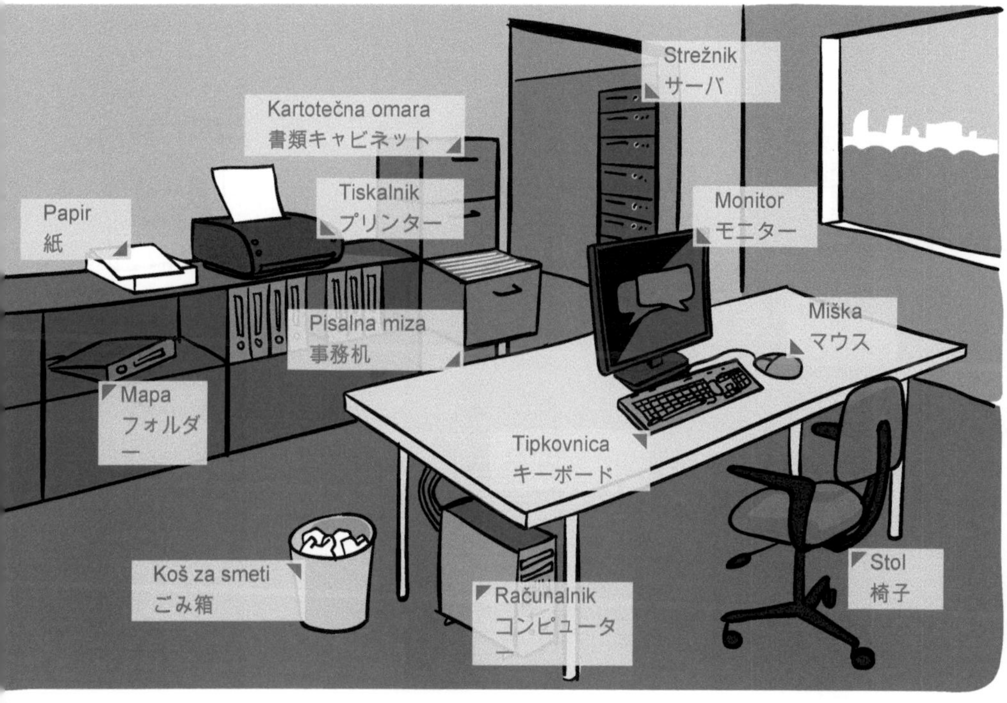

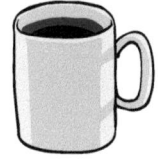

Lonček za kavo

コーヒーマグ

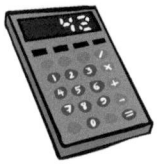

Kalkulator

計算機

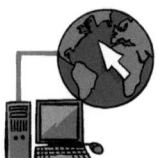

Internet

インターネット

Prenosnik

ラップトップ

Pismo

手紙

Sporočilo

メッセージ

Mobilnik

携帯電話

Omrežje

ネットワーク

Kopirni stroj

コピー機

Programska oprema

ソフトウェア

Telefon

電話

Vtičnica

コンセント

Telefaks

ファックス

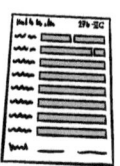

Obrazec

フォーム

Dokument

書類

Kupiti

買う

Plačati

支払う

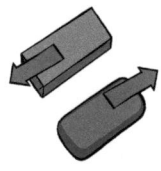

Trgovati

取引する

Denar

お金

Dolar

ドル

Evro

ユーロ

Jen

円

Rubelj

ルーブル

Švicarski frank

スイスフラン

Kitajski juan renminbi

人民元

Rupija

ルピー

Bankomat

キャッシュポイント

Menjalnica

両替所

Zlato

金

Srebro

銀

Nafta

油

Energija

エネルギー

Cena

価格

Pogodba

契約

Davek

税金

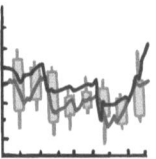

Delnice

株

Delati

働く

Delojemalec

従業員

Delodajalec

雇用主

Tovarna

工場

Trgovina

ショップ

Poklici
職業

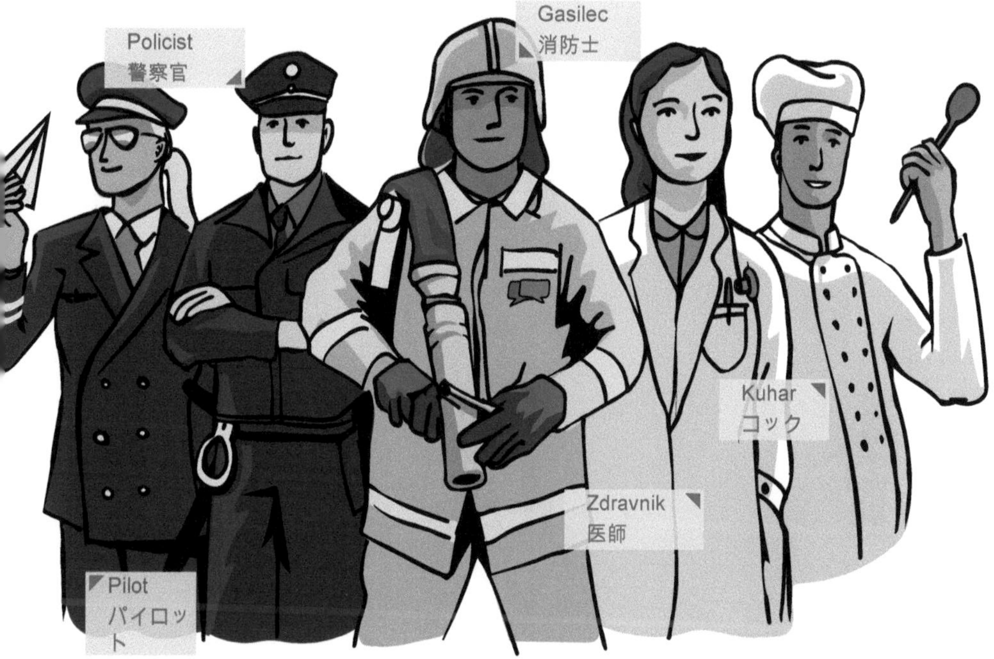
Policist
警察官
Gasilec
消防士
Kuhar
コック
Zdravnik
医師
Pilot
パイロット

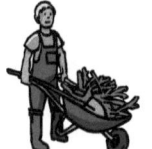

Vrtnar

庭師

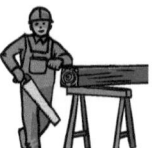

Mizar

大工

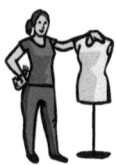

Šivilja

お針子

Sodnik

裁判官

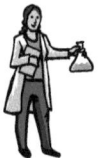

Kemik

化学者

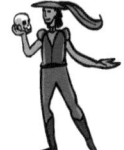

Igralec

俳優

Voznik avtobusa

バスの運転手

Taksist

タクシー運転手

Ribič

漁師

Čistilka

掃除婦

Krovec

屋根ふき職人

Natakar

ウェイター

Lovec

ハンター

Pleskar

塗装工

Pek

パン屋

Električar

電気工

Gradbenik

建設作業員

Inženir

エンジニア

Mesar

肉屋

Vodovodni inštalater

配管工

Poštar

郵便配達人

Vojak

軍人

Arhitekt

建築家

Blagajnik

レジ係

Cvetličar

花屋

Frizer

美容師

Sprevodnik

車掌

Mehanik

機械工

Kapitan

キャプテン

Zobozdravnik

歯科医

Znanstvenik

科学者

Rabin

ラビ

Imam

イスラム導師

Menih

修道士

Duhovnik

牧師

Orodje
道具

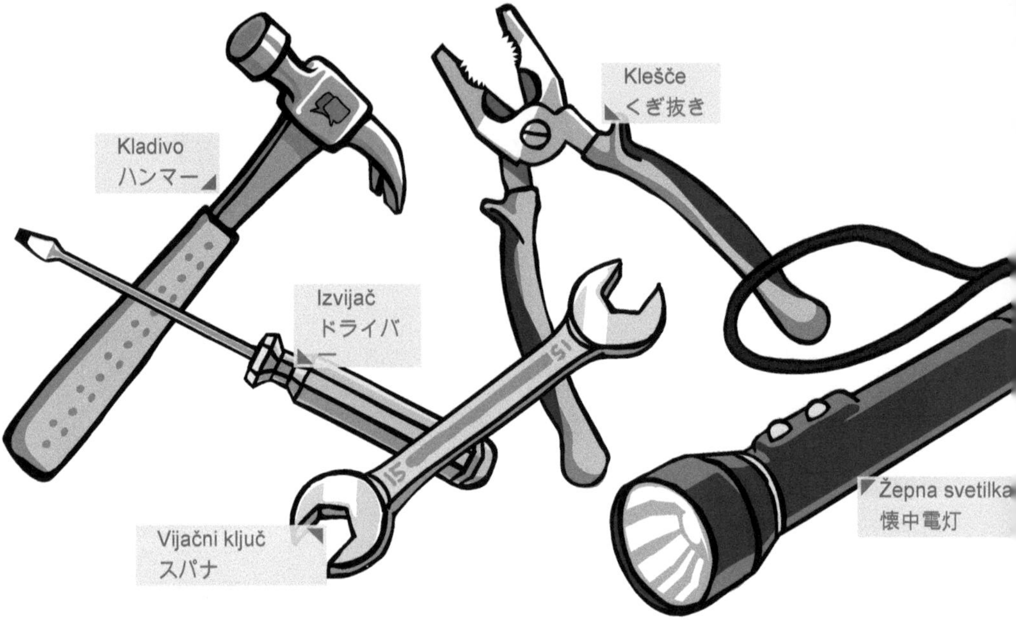

Kladivo
ハンマー
Klešče
くぎ抜き
Izvijač
ドライバ
ー
Vijačni ključ
スパナ
Žepna svetilka
懐中電灯

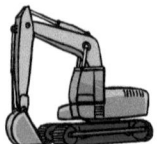

Bager
掘削機

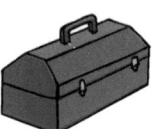

Zaboj z orodjem
道具箱

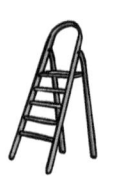

Lestev
はしご

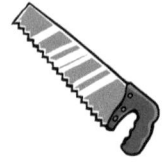

Žaga
のこぎり

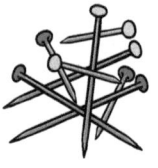

Žeblji
釘

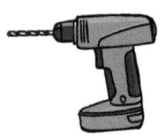

Vrtalnik
ドリル

Popraviti
修理する

Lopata
シャベル

Šment!
クソ！

Smetišnica
ちりとり

Posoda z barvo
ペンキ缶

Vijaki
ネジ

Glasbeni instrument

楽器

Tolkala
打楽器

Zvočnik
スピーカー

Kontrabas
コントラバス

Trobenta
トランペット

Kitara
ギター

Klavir

ピアノ

Violina

バイオリン

Bas kitara

バス

Pavke

ティンパニ

Bobni

ドラム

Sintetizator

キーボード

Saksofon

サックス

Flavta

フルート

Mikrofon

マイクロフォン

Živalski vrt

動物園

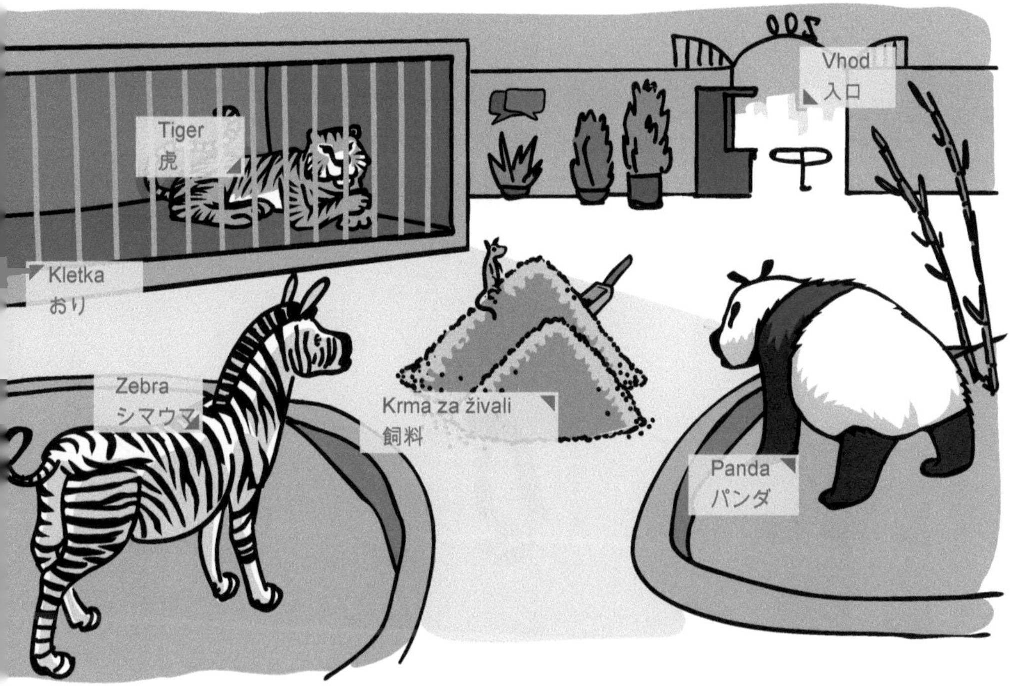
Vhod
入口
Tiger
虎
Kletka
おり
Zebra
シマウマ
Krma za živali
飼料
Panda
パンダ

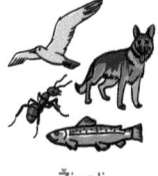

Živali

動物

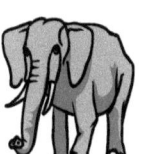

Slon

象

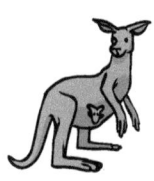

Kenguru

カンガルー

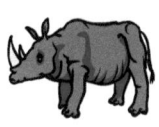

Nosorog

サイ

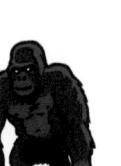

Gorila

ゴリラ

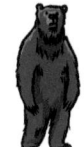

Medved

熊

Kamela

ラクダ

Noj

ダチョウ

Lev

ライオン

Opica

猿

Plamenec

フラミンゴ

Papagaj

オウム

Severni medved

白クマ

Pingvin

ペンギン

Morski pes

サメ

Pav

クジャク

Kača

蛇

Krokodil

ワニ

Oskrbnik v živalskem vrtu

飼育係

Tjulenj

アザラシ

Jaguar

ジャガー

Poni

ポニー

Leopard

ヒョウ

Povodni konj

カバ

Žirafa

キリン

Orel

鷲

Divji prašič

雄豚

Riba

魚

Želva

亀

Mrož

セイウチ

Lisica

狐

Gazela

ガゼル

Ameriški nogomet
アメフト

Kolesarjenje
サイクリング

Tenis
テニス

Košarka
バスケット
ボール

Plavanje
水泳

Hokej
アイスホ
ッケー

Boks
ボクシン
グ

Nogomet
サッカー

Badminton
バドミントン

Atletika
陸上競技

Rokomet
ハンドボール

Smučanje
スキー

Polo
ポロ

Dejavnosti

活動

Skočiti
跳ぶ
Objeti
抱きしめる
Smejati se
笑う
Hoditi
歩く
Peti
歌う
Sanjati
夢見る
Moliti
祈る
Poljubiti
キス

A

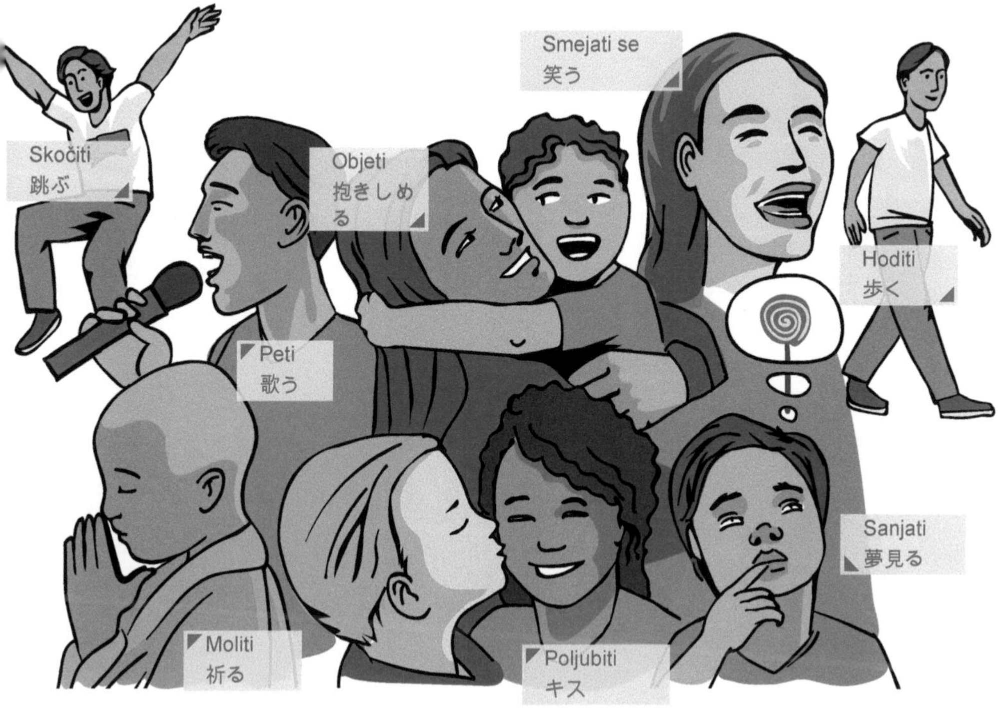

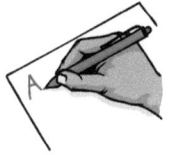

Pisati

書く

Risati

描く

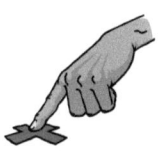

Pokazati

示す

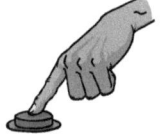

Potisniti

押す

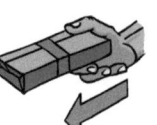

Dati

与える

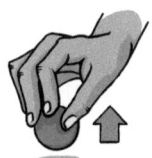

Vzeti

取る

Imeti

持っている

Narediti

する

Biti

ある

Stati

立つ

Teči

走る

Vleči

引く

Vreči

投げる

Pasti

落ちる

Ležati

横たわっている

Čakati

待つ

Nositi

運ぶ

Sedeti

座る

Obleči se

着る

Spati

眠る

Zbuditi se

目が覚める

Gledati
見る

Jokati
泣く

Božati
なでる

Česati se
櫛ですく

Govoriti
話す

Razumeti
理解する

Vprašati
質問する

Poslušati
聞く

Piti
飲む

Jesti
食べる

Pospraviti
片づける

Ljubiti
愛する

Kuhati
料理する

Voziti
運転する

Leteti
飛ぶ

Jadrati

ヨットに乗る

Računanje

計算する

Brati

読む

Učiti se

学ぶ

Delati

働く

Poročiti se

結婚する

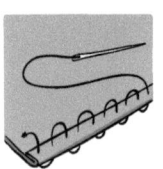

Šivati

縫う

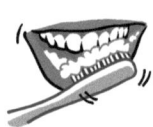

Ščetkati si zobe

歯を磨く

Ubiti

殺す

Kaditi

喫煙する

Poslati

送る

Družina
家族

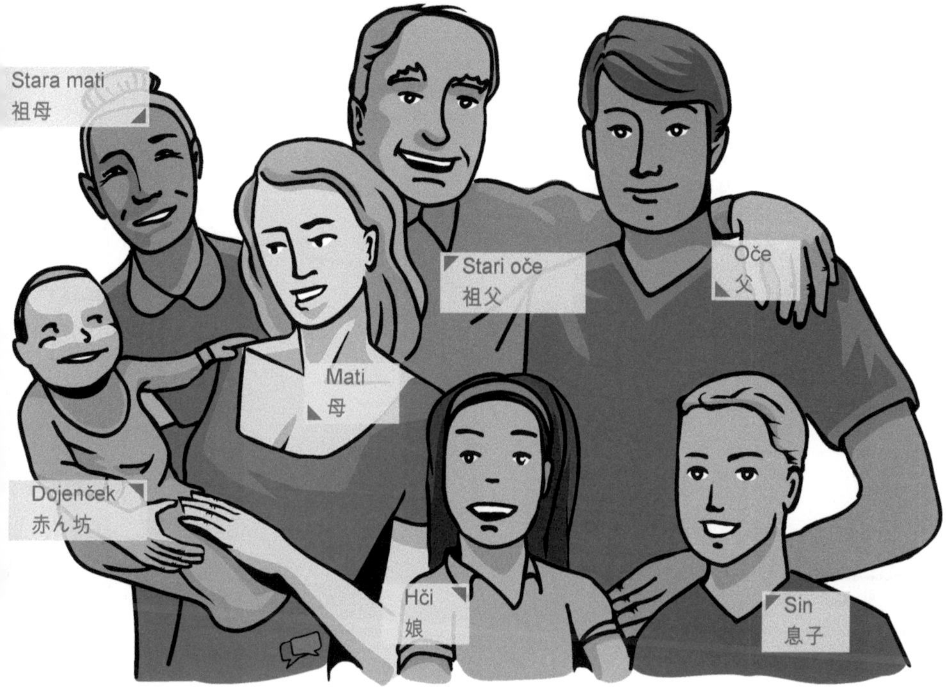

Stara mati
祖母
Stari oče
祖父
Oče
父
Mati
母
Dojenček
赤ん坊
Hči
娘
Sin
息子

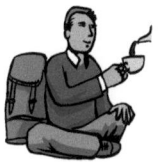

Gost

お客様

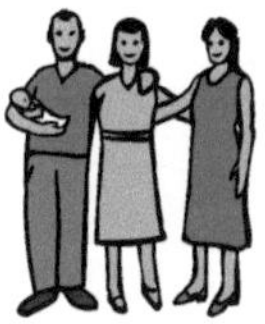

Teta

おば

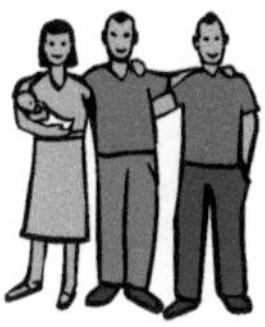

Stric

おじ

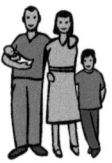

Brat

兄弟

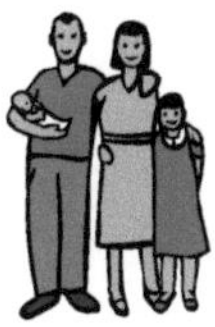

Sestra

姉妹

Telo
体

Čelo
ひたい
Oko
目
Rama
肩
Prst
指
Obraz
顔
Brada
あご
Dlan
手
Noga
脚
Prsi
胸
Roka
腕

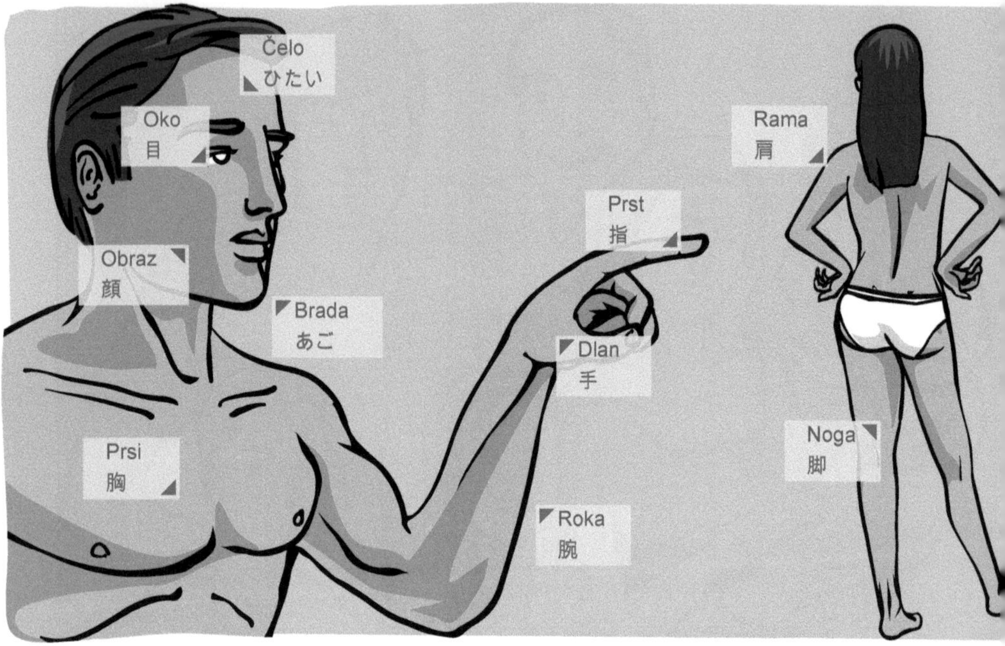

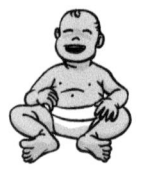

Dojenček
赤ん坊

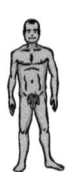

Človek
男性

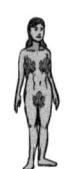

Ženska
女性

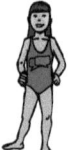

Dekle
少女

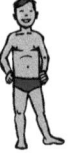

Fant
少年

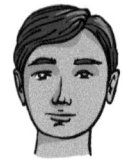

Glava
頭

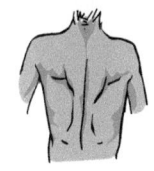

Hrbet

背中

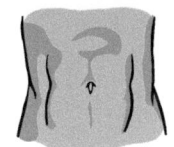

Trebuh

腹

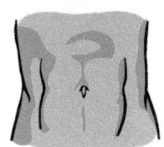

Popek

へそ

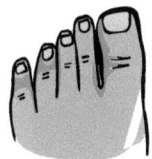

Prst na nogi

足指

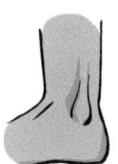

Peta

かかと

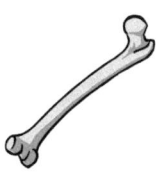

Kost

骨

Kolk

腰

Koleno

ひざ

Komolec

ひじ

Nos

鼻

Zadnjica

尻

Koža

皮膚

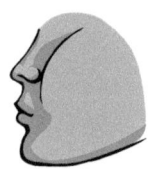

Lice

頬

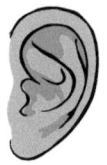

Uho

耳

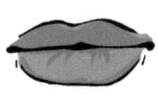

Ustnica

唇

Usta

口

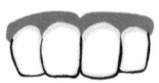

Zob

歯

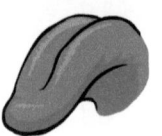

Jezik

舌

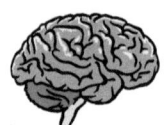

Možgani

脳

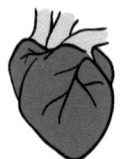

Srce

心臓

Mišica

筋肉

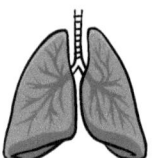

Pljuča

肺

Jetra

肝臓

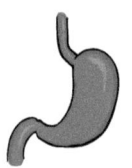

Želodec

胃

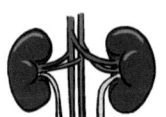

Ledvice

腎臓

Spolni odnos

セックス

Kondom

コンドーム

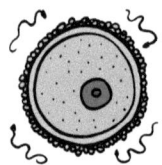

Jajčece

卵細胞

Semenska tekočina

精液

Nosečnost

妊娠

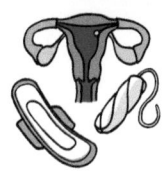

Menstruacija

月経

Vagina

膣

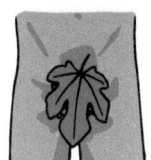

Penis

ペニス

Obrv

眉

Lasje

髪

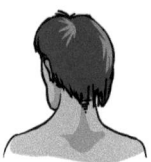

Vrat

首

Bolnišnica
病院

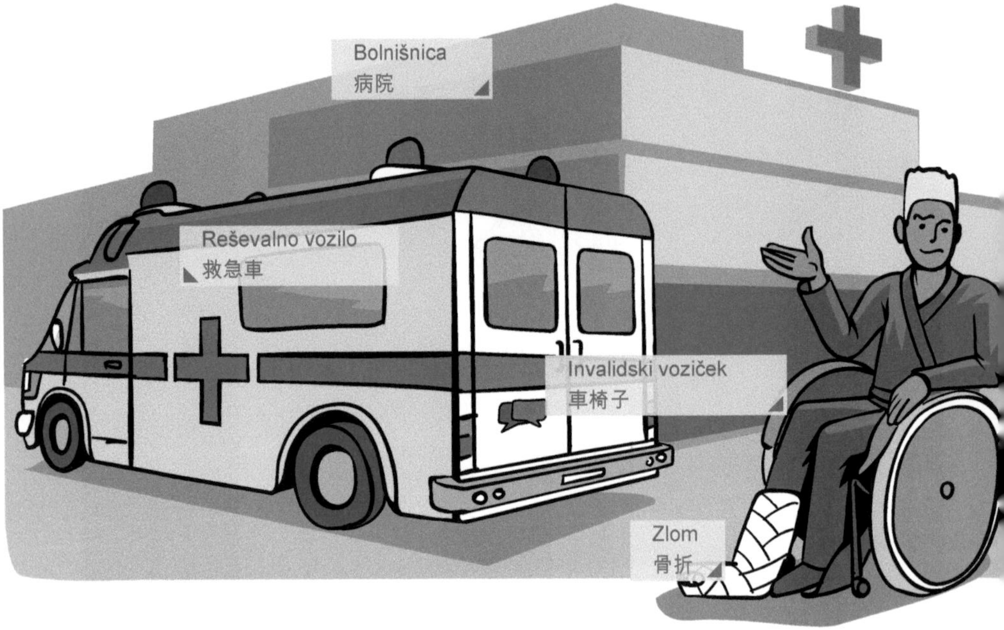

Bolnišnica
病院
Reševalno vozilo
救急車
Invalidski voziček
車椅子
Zlom
骨折

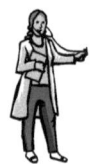

Zdravnik
医師

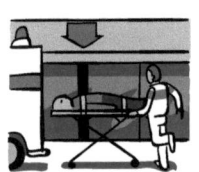

Urgenca
救急治療室

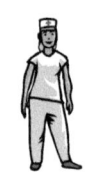

Medicinska sestra
看護師

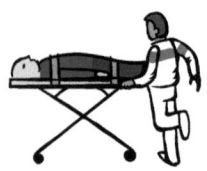

Nujni primer
救急

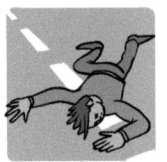

Nezavesten
失神

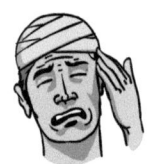

Bolečina
痛み

Poškodba

けが

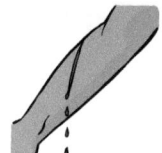

Krvavenje

出血

Srčni infarkt

心臓発作

Kap

脳卒中

Alergija

アレルギー

Kašelj

咳

Vročina

熱

Gripa

インフルエンザ

Driska

下痢

Glavobol

頭痛

Rak

癌

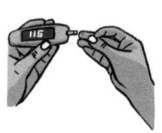

Sladkorna bolezen

糖尿病

Kirurg

外科医

Skalpel

外科用メス

Operacija

手術

Bolnišnica - 病院

CT

CT

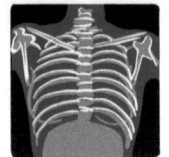

Rentgen

レントゲン

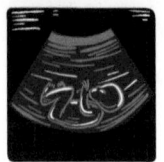

Ultrazvok

超音波

Obrazna maska

マスク

Bolezen

病気

Čakalnica

待合室

Bergla

松葉づえ

Obliž

ばんそうこう

Preveza

包帯

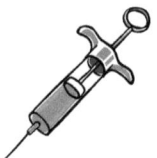

Injekcija

注射

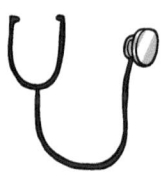

Stetoskop

聴診器

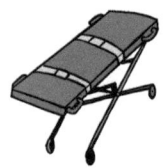

Nosila

担架

Klinični termometer

体温計

Porod

出産

Prekomerna teža

肥満

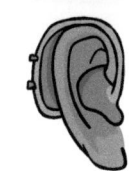

Slušni pripomoček

補聴器

Razkužilo

消毒剤

Okužba

感染

Virus

ウイルス

HIV / AIDS

HIV / エイズ

Medicina

内服薬

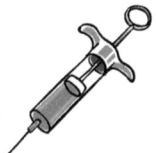

Cepljenje

予防接種

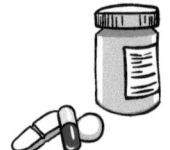

Tablete

錠剤

Tableta

ピル

Klic v sili

緊急電話

Merilnik krvnega tlaka

血圧計

bolano / zdravo

病気の　/　健康な

Na pomoč!

助けて！

Alarm

アラーム

Napad

暴行

Napad

攻撃

Nevarnost

危険

Izhod v sili

非常口

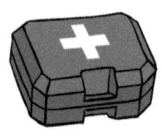

Gori!

火事だ！

Gasilni aparat

消火器

Nezgoda

事故

Komplet za prvo pomoč

救急箱

SOS

SOS

Policija

警察

Evropa

ヨーロッパ

Severna Amerika

北米

Južna Amerika

南米

Afrika

アフリカ

Azija

アジア

Avstralija

オーストラリア

Atlantski ocean

大西洋

Tihi ocean

太平洋

Indijski ocean

インド洋

Južni ocean

南極海

Arktični ocean

北極海

Severni tečaj

北極

Južni tečaj

南極

Antarktika

南極大陸

Zemlja

地球

Kopno

陸

Morje

海

Otok

島

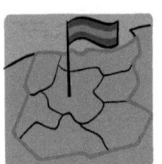

Narod

国家

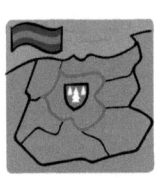

Država

国家

Številčnica

文字盤

Urni kazalec

短針

Minutni kazalec

長針

Sekundni kazalec

秒針

Koliko je ura?

何時ですか？

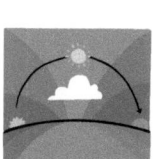

Dan

日

Čas

時間

Zdaj

現在

Digitalna ura

デジタル時計

Minuta

分

Ura

時間

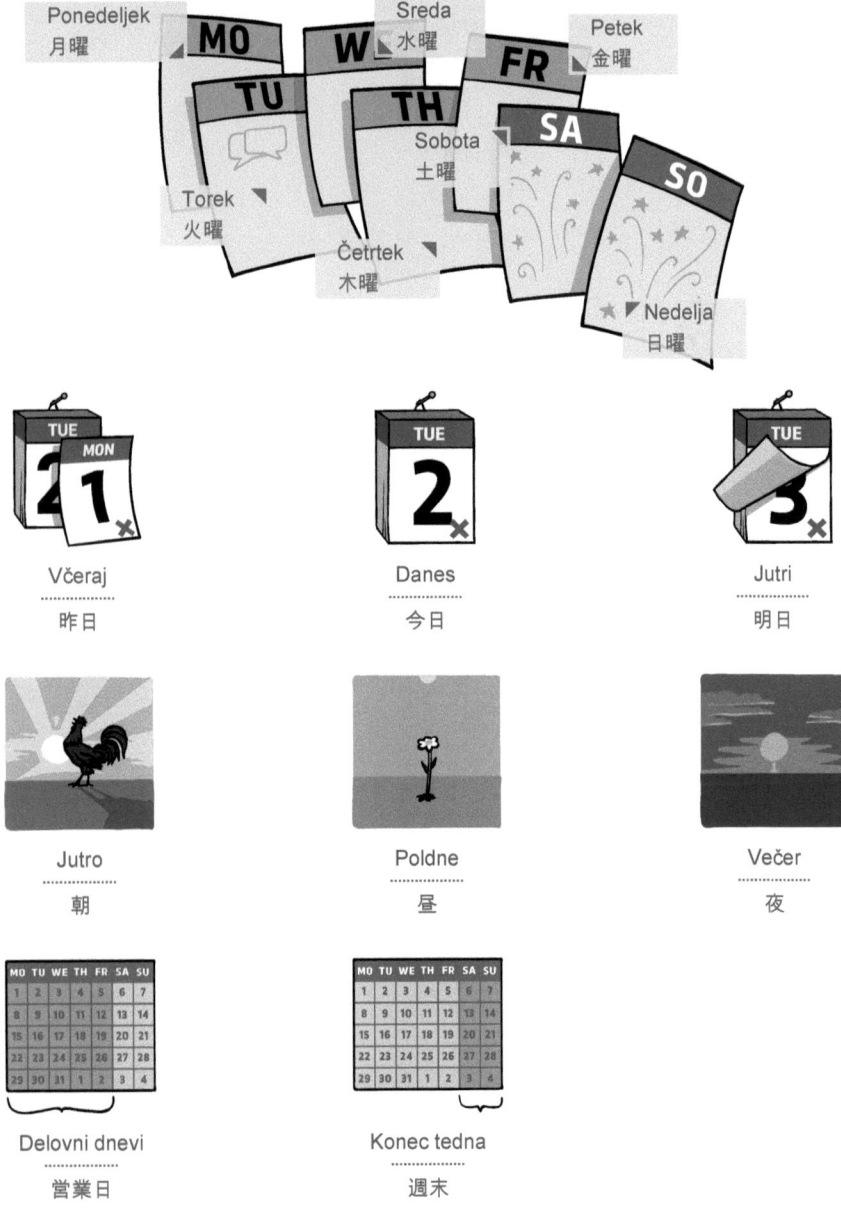

Ponedeljek
月曜

MO

Sreda
水曜

W

Petek
金曜

FR

TU

TH

SA

SO

Torek
火曜

Sobota
土曜

Četrtek
木曜

Nedelja
日曜

Včeraj
昨日

Danes
今日

Jutri
明日

Jutro
朝

Poldne
昼

Večer
夜

Delovni dnevi
営業日

Konec tedna
週末

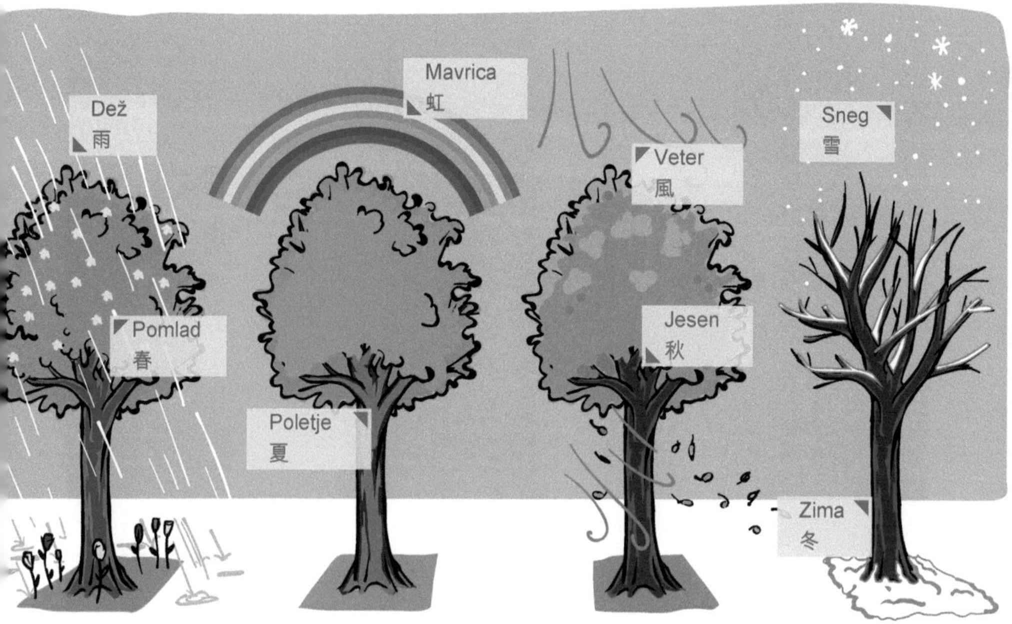

Dež
雨
Mavrica
虹
Veter
風
Sneg
雪
Pomlad
春
Jesen
秋
Poletje
夏
Zima
冬

4.APRIL 11°
5.APRIL 4°
6.APRIL 13°
7.APRIL 8°
8.APRIL 10°

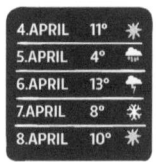

Vremenska napoved

天気予報

F
C

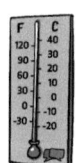

Termometer

温度計

Sončna svetloba

日差し

Oblak

雲

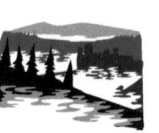

Megla

霧

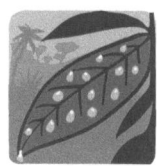

Vlažnost

湿度

Strela

雷

Grom

雷

Nevihta

嵐

Toča

ひょう

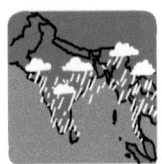

Monsun

季節風

Poplava

洪水

Led

氷

Januar

1月

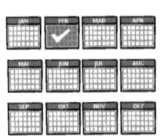

Februar

2月

Marec

3月

April

4月

Maj

5月

Junij

6月

Julij

7月

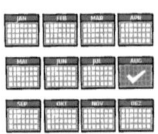

Avgust

8月

September
....
9月

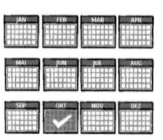

Oktober
....
10月

November
....
11月

December
....
12月

Krogla
....
円

Kvadrat
....
正方形

Pravokotnik
....
長方形

Trikotnik
....
三角

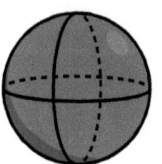

Krogla
....
球

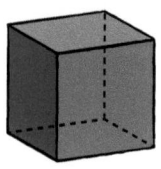

Kocka
....
立方体

Bela

白

Rumena

黄

Oranžna

オレンジ

Rožnata

ピンク

Rdeča

赤

Vijolična

紫

Modra

青

Zelena

緑

Rjava

茶

Siva

灰色

Črna

黒

veliko / malo

多い ／ 少ない

jezno / umirjeno

怒っている /
落ち着いている

lepo / grdo

美しい ／ 醜い

začetek / konec

初め ／ 終わり

veliko / majhno

大きい ／ 小さい

svetlo / temno

明るい ／ 暗い

brat / sestra

兄弟 ／ 姉妹

čisto / umazano

清潔な / 汚い

popolno / nepopolno

完全な ／ 不完全な

dan / noč

日中 ／ 夜

mrtvo / živo

死んだ ／ 生きている

široko / ozko

幅広い ／ 狭い

užitno / neužitno

食べられる /
食べられない

zlobno / prijazno

悪意のある / 親切な

vznemirjeno / zdolgočaseno

興奮している /
退屈している

debelo / vitko

太った / 痩せた

prvo / zadnje

最初に / 最後に

prijatelj / sovražnik

友人 / 敵

polno / prazno

いっぱいの / 空の

trdo / mehko

硬い / 柔らかい

težko / lahko

重い / 軽い

lakota / žeja

空腹 / 喉の渇き

bolano / zdravo

病気の / 健康な

nezakonito / zakonito

違法な / 合法な

pametno / neumno

賢い / 愚かな

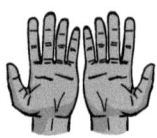

levo / desno

左に / 右に

blizu / daleč

近い / 遠い

novo / rabljeno

新しい / 中古の

nič / nekaj

何もない / 何かある

staro / mlado

老いた / 若い

vklopljeno / izklopljeno

オン / オフ

odprto / zaprto

開いている /
閉まっている

tiho / glasno

静かな / うるさい

bogato / revno

裕福な / 貧乏な

prav / narobe

正しい / 間違っている

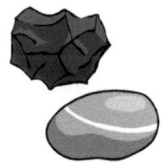

grobo / gladko

粗い / なめらか

žalostno / veselo

悲しい / 幸せな

kratko / dolgo

短い / 長い

počasi / hitro

ゆっくり / 速い

mokro / suho

濡れた / 乾いた

toplo / hladno

温かい / 冷たい

vojna / mir

戦争 / 平和

0

Ničla

ゼロ

1

Ena

1

2

Dva

2

3

Tri

3

4

Štiri

4

5

Pet

5

6

Šest

6

7

Sedem

7

8

Osem

8

9

Devet

9

10

Deset

10

11

Enajst

11

12

Dvanajst

12

13

Trinajst

13

14

Štirinajst

14

15

Petnajst

15

16

Šestnajst

16

17

Sedemnajst

17

18

Osemnajst

18

19

Devetnajst

19

20

Dvajset

20

100

Sto

100

1.000

Tisoč

1000

1.000.000

Milijon

100万

Angleščina
英語

Ameriška angleščina
アメリカ英語

Mandarinščina
中国標準語

Hindujščina
ヒンディー語

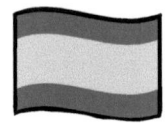

Španščina
スペイン語

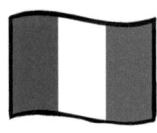

Francoščina
フランス語

Arabščina
アラビア語

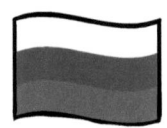

Ruščina
ロシア語

Portugalščina
ポルトガル語

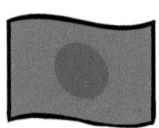

Bengalščina
ベンガル語

Nemščina
ドイツ語

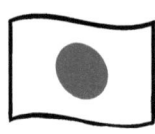

Japonščina
日本語

Jaz

私

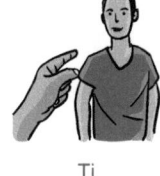

Ti

あなた

On / ona / tisto

彼 / 彼女 / それ

Mi

私たち

Vi

あなたたち

Oni

彼ら

Kdo?

誰？

Kaj?

何？

Kako?

どうやって？

Kje?

どこ？

Kdaj?

いつ？

HELLO, I AM

Ime

名前

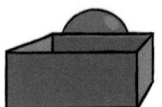

Zadaj

後ろ

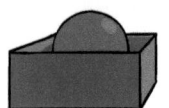

V

中

Pred

前

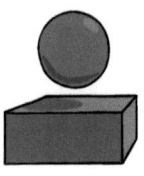

Nad

上

Na

上

Pod

下

Poleg

横

Med

間

Kraj

場所